Lisa Greathouse

Asesor

Timothy Rasinski, Ph.D.
Kent State University

Créditos

Dona Herweck Rice, *Gerente de redacción*
Robin Erickson, *Directora de diseño y producción*
Lee Aucoin, *Directora creativa*
Conni Medina, M.A.Ed., *Directora editorial*
Ericka Paz, *Editora asistente*
Stephanie Reid, *Editora de fotos*
Rachelle Cracchiolo, M.S.Ed., *Editora comercial*

Créditos de las imágenes

Cover Nicole Hill/Photolibrary; p.3 Fotoline/Shutterstock; p.4 Monkey Business Images/Shutterstock; p.5 RTimages/Shutterstock; p.6 left: Monkey Business Images/Dreamstime; p.6 right: Monkey Business Images/Shutterstock; p.7 top-left and right: Joellen L Armstrong/Shutterstock; Brooke Becker/Shutterstock; p.7 middle-left and right: Mau Horng/Shutterstock; p.7 bottom: mikeledray/Shutterstock; p.9 bonniej/iStockphoto; p.10 top: webphotographeer/iStockphoto; p.10 inset: Andrjuss/Shutterstock; p.11 top: bonniej/iStockphoto; p.11 inset: Alexander Hoffman/Shutterstock; p.12 kali9/iStockphoto; p.14 MichaelDeLeon/iStockphoto; p.15 right: sjlocke/iStockphoto; p.15 inset: NoDerog/iStockphoto; p.16 monkeybusinessimages/iStockphoto; p.17 Gleb Semenjuk/Shutterstock; p.18 Darren Baker/Shutterstock; p.18 inset: USDA; p.19 Allison Long/Newscom; p.20 Robyn Mackenzie/Shutterstock; p.21 XAOC/Shutterstock; p.22 top: MichaelDeLeon/iStockphoto; p.22 inset: jabiru/BigStock; p.23 left: Feng Yu/Shutterstock p.23 right: Anouk Stricher/Dreamstime; p.24 left: SW Productions/Photolibrary; p.24 inset: Vorm in Beeld/Shutterstock; p.25 PIX PIX/Photolibrary; p.26 20/21/iStockphoto; p.27 AVAVA/Shutterstock; back cover Joellen L Armstrong/Shutterstock

Basado en los escritos de *TIME For Kids.*

Teacher Created Materials
5301 Oceanus Drive
Huntington Beach, CA 92649-1030
http://www.tcmpub.com

ISBN 978-1-4333-4460-2

Printed in Malaysia. THU001.48806

Tabla de contenido

¿Ya es la hora de comer?

¿Es tu estómago el que gruñe? Han pasado horas desde que desayunaste. Cada minuto que pasa, te sientes más hambriento. Miras el reloj en la pared del aula. ¡Ya casi es la hora de comer!

Hora de comer

Hora de jugar

Hora de regresar
a clase

Aprovecha cada minuto

Si tienes un total de 45 minutos para comer y jugar, y te lleva 20 minutos para comer, ¿cuánto tiempo te queda para jugar?

45 – 20 = 25 minutos

¿Lonchera o fila?

¿Comerás pizza o un sándwich de mantequilla de maní y jalea? ¿Un burrito, o un sándwich de jamón y queso?

Algunos niños traen el almuerzo de su casa. Otros, toman su almuerzo en la **cafetería** de la escuela.

Córtalo como quieras

¿Prefieres tu sándwich cortado en mitades o en cuartos? ¿Te gusta cortado en forma diagonal, en triángulos? ¿Qué otras figuras podrías hacer con tu sándwich?

febrero		
lunes	**martes**	**miércoles**
pasta con salsa ensalada mixta crocante de manzana	sopa de tomate palitos de pan duraznos	sándwich de pavo ensalada de pasta frutas frescas
queso a la plancha elote duraznos refrigerados	sándwich italiano barritas de zanahoria uvas	pizza de queso ensalada César manzanas
pizza de queso ensalada César manzanas	sándwich de pavo mini zanahorias frutas frescas	burrito de frijoles arroz salsa de manzana
sándwich de atún barritas de zanahoria ensalada de frutas	ensalada de pollo palitos de pan uvas	espagueti palitos de pan duraznos

¿Qué hay en el menú?

¿El menú de tu escuela se parece a éste?
¿Qué comida se ofrece más veces?

Lo bueno de comprar el almuerzo en la escuela es que estará a la temperatura justa cuando lo recibas. Lo malo es que quizá algunas veces no te guste lo que hay en el menú. ¡Tampoco puedes repetir!

jueves	viernes
pizza de queso ensalada César manzanas	barbacoa de pollo mini zanahorias bayas
ensalada de pollo frijoles pintos postre de manzana	ravioles de queso salsa de verduras bayas
espagueti palitos de pan duraznos	sándwich de pavo ensalada de pasta manzanas
queso a la plancha ensalada de pasta pudín	pizza de queso ensalada César manzanas

A veces, las filas para el almuerzo son largas. Observa la fila en la fotografía. Si a cada estudiante le toma dos minutos llegar al final de la línea, ¿cuánto tiempo le tomará al último estudiante de la fila obtener su almuerzo?

4 estudiantes x 2 minutos cada uno = 8 minutos

¿Qué se cuece?

Algunos alimentos deben conservarse calientes o fríos para que sean seguros para comer. De lo contrario, pueden crecer **bacterias** dañinas que causan enfermedades.

¡Asegúrate de que sea seguro!

Para que sea segura para comer, una hamburguesa se debe cocinar a 160ºF. La leche que bebes se debe mantener a menos de 45ºF. La temperatura de la comida se mide con un termómetro para alimentos.

El personal de la cafetería se ocupa de que los alimentos calientes se mantengan calientes y de que los alimentos fríos se mantengan fríos. Puedes colocar una bolsa de hielo en tu lonchera para mantenerlo frío y mantener alimentos calientes en un termo.

Si compras tu almuerzo en la escuela, este será uno de los elementos en el **presupuesto** de tu familia.

Un presupuesto muestra cuánto dinero tienes y cuánto gastas en cada cosa que necesitas. Puedes hacer un presupuesto para una semana, un mes o hasta un año.

mayo						
dom.	lun.	mart.	miér.	juev.	vier.	sáb.
1	2 Comprar almuerzo	3 Comprar almuerzo	4	5 Comprar almuerzo	6 Comprar almuerzo	7
8	9 Comprar almuerzo	10 Comprar almuerzo	11	12 Comprar almuerzo	13 Comprar almuerzo	14
15	16	17 Comprar almuerzo	18 Comprar almuerzo	19 Comprar almuerzo	20	21
22	23 Comprar almuerzo	24 Comprar almuerzo	25	26 Comprar almuerzo	27 Comprar almuerzo	28
29	30 Comprar almuerzo	31				

Tu presupuesto de almuerzo

Digamos que el almuerzo en tu escuela cuesta $2. Si planeas comprar el almuerzo 16 días este mes, ¿cuánto dinero necesitas presupuestar para todo el mes?

$2.00 x 16 días = $32.00

Momento de recargar energía

Es divertido almorzar con tus amigos. Pero el almuerzo también es el momento para que tu cuerpo recupere la **energía** que necesita para continuar activo el resto del día.

¿Cómo ha cambiado la lonchera?

Tu lonchera puede llevar la imagen de tu personaje favorito de la televisión o del cine. Pero las loncheras se usan desde principios del siglo XX. Originalmente, eran cajas metálicas simples con un asa.

De la misma forma que un automóvil necesita gasolina para andar, la comida que comes es el combustible para el cuerpo. Comer un almuerzo saludable le da al cuerpo los **nutrientes** que necesita para funcionar de la mejor manera posible.

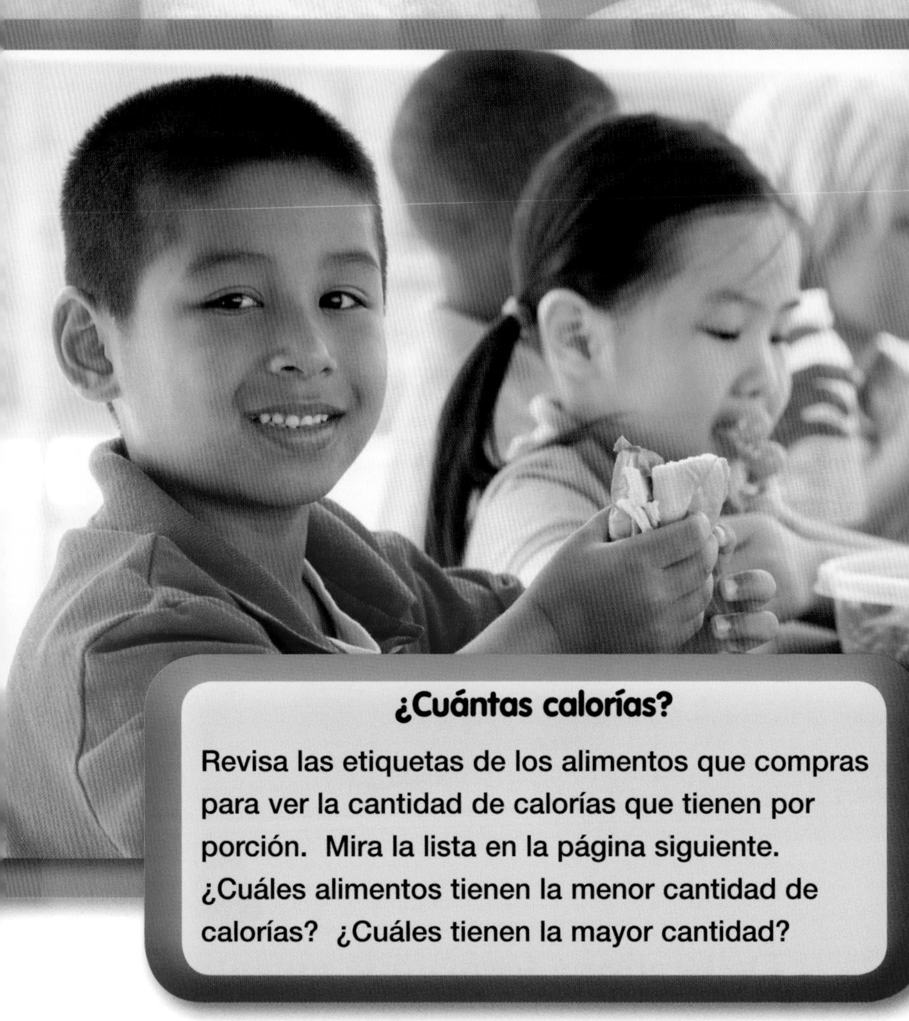

¿Cuántas calorías?

Revisa las etiquetas de los alimentos que compras para ver la cantidad de calorías que tienen por porción. Mira la lista en la página siguiente. ¿Cuáles alimentos tienen la menor cantidad de calorías? ¿Cuáles tienen la mayor cantidad?

Todos los alimentos tienen **calorías**. Una caloría mide la energía que contiene lo que comemos y bebemos. Necesitas calorías para crecer. ¡Pero no todas son iguales!

Alimento	Calorías
manzana	45
pastel de manzanas (1 porción)	405
plátano	100
brócoli (1 taza)	30
burrito	450
zanahorias (1 taza)	50
batido de helado	360
hamburguesa con queso	350
pizza de queso (1 porción)	290
leche con chocolate	210
refresco de cola (12 onzas)	160
papas fritas caseras (porción pequeña)	210
papas fritas de bolsa (1 bolsa pequeña)	130

Los alimentos como las frutas, las verduras y los granos enteros le dan al cuerpo las **vitaminas** y **minerales** que necesita. Los refrescos y los dulces tienen muchas calorías, pero ningún nutriente. Demasiada cantidad de cualquier alimento te hará aumentar de peso y hará que no te sientas bien.

Mi plato

Saber qué comer cada día para mantenernos sanos puede ser confuso. El plato de alimentos nos ayuda a averiguarlo. Visita **http://www.choosemyplate.gov** para aprender más acerca de la elección de comidas saludables.

Si comes el almuerzo de la escuela, trata de ver el menú antes para poder elegir las mejores alternativas. ¡Un buen comienzo es comer las frutas y verduras que vienen en la bandeja!

Aquí hay una comida que quizá veas en el menú de tu almuerzo. Observa cómo cada ingrediente corresponde a un grupo de alimentos.

Este almuerzo tiene alimentos de los cinco grupos de alimentos.

Hazlo tú mismo

Aquí hay un ejemplo de un almuerzo saludable que puedes preparar en casa:

- Pavo y verduras sobre un pan pita de harina integral (250 calorías)
- 1 naranja mediana (60 calorías)
- taza de leche descremada (90 calorías)

Hay un total de 400 calorías.

250 + 60 + 90 = 400

La mayoría de los niños de tu edad necesita unas 1,600 calorías por día. Esto significa que este almuerzo es alrededor de una cuarta parte del total de las calorías necesarias para el día.

Datos Nutricionales

Tamaño por Ración 1/4 taza (30g)
Raciones por Envase 38

Cantidad por Ración	
Calorías 200 Calorías de Grasa 150	
	% Valores Diarios*
Grasa Total 17g	**26%**
Grasa Saturada 2.5g	**13%**
Grasa Trans 0g	
Colesterol 0mg	**0%**
Sodio 120mg	**5%**
Carbohidrato Total 7g	**2%**
Fibra Diétetica 2g	**8%**
Azúcares 1g	
Proteínas 5g	**2%**
Vitamina A 0% • Vitamina C 0%	
Calcio 4% • Hierro 8%	

*Los porcentajes de valores diarios están basados en una dieta de 2,000 calorías.

Leer las etiquetas

Casi todos los alimentos llevan una etiqueta de Información Nutricional. Nos dice qué hay en la comida. Enumera las calorías y las grasas. Pero también menciona las vitaminas, las **proteínas** y la **fibra**. Algunos números son porcentajes. Esto nos dice qué **porcentaje** de cada nutriente que necesitamos a diario hay en ese alimento.

¿Qué beberás con el almuerzo? El cuerpo pierde agua durante el día, de manera que es importante reemplazarla. Pero, ¿qué deberías beber: jugos, leche o agua?

Diles "no" a los refrescos

Trata de beber refrescos sólo en ocasiones especiales. ¡Una lata de refresco tiene unas diez cucharadillas de azúcar!

El agua es una gran elección. La leche total o parcialmente descremada también es buena. Las leches de sabores, las bebidas de frutas y algunas bebidas deportivas tienen mucha azúcar agregada. Si bebes jugos, asegúrate de que sean jugos 100 por ciento de frutas.

¡Llegó la hora del recreo!

¡El recreo es la única cosa en la escuela que es mejor que el almuerzo! No sólo es divertido, ¡es bueno para ti!

¿Te gusta jugar a los quemados? ¿Saltar a la cuerda? ¿Jugar a la mancha? ¿O a la rayuela?

Para estar en forma

Estar en forma es más que sentirse bien. Mantiene saludable el corazón y fortalece los huesos y los músculos.

Sea lo que sea que escojas hacer, lo importante es que te muevas. Intenta estar activo al menos 60 minutos cada día. Si juegas durante 20 minutos en el recreo, es sólo la tercera parte de la actividad física del día.

Sé bueno con la Tierra

¡Haz que tu escuela sea ecológica!

Muchos estados tienen programas de reciclaje que pagan por las botellas y las latas vacías. Algunas escuelas tienen programas de reciclaje para reunir dinero para excursiones o para plantar árboles.

Piensa qué tan llenos están los cubos de basura de la escuela después del almuerzo. ¿No sería grandioso reducir la cantidad de basura que tu escuela envía al **vertedero**?

Una cosa que puedes hacer es usar envases **reutilizables**. ¿Tu escuela recicla? Si no lo hace, ¡pregúntale a tu maestra si tu clase puede comenzar un programa de reciclaje para recoger botellas de agua, cajas de jugos vacías y otras cosas!

Glosario

bacteria—los organismos microscópicos que tienen una sola célula

cafetería—una sala donde se puede almorzar

calorías—las unidades para medir la cantidad de energía que puede producir un alimento

energía—el poder o capacidad para hacer que algo se mueva o esté activo

fibra—el material en los alimentos que ayuda a mover los alimentos a lo largo de los intestinos

minerales—los materiales sin vida necesarios para las funciones del cuerpo

nutrientes—las sustancias en los alimentos que ayudan a las personas, los animales y las plantas a vivir

porcentaje—la parte de un total expresada en centésimos

presupuesto—un plan sobre cuánto dinero se ganará y se gastará en un período determinado

proteína—se encuentra en el pollo, la carne y otros alimentos; la proteína forma los tejidos del cuerpo

reutilizable—algo que se puede volver a utilizar

vertedero—el sitio usado para arrojar la basura

vitaminas—las sustancias necesarias que produce el ser humano para que el cuerpo mantenga una buena salud